Les fables

de Jean de La Fontaine

Illustrations : Alexandre Honoré

La Cigale et la Fourmi

La cigale, ayant chanté
    Tout l'été,
Se trouva fort dépourvue
Quand la bise fut venue :
Pas un seul petit morceau
De mouche ou de vermisseau.
Elle alla crier famine
Chez la fourmi sa voisine,
La priant de lui prêter
Quelque grain pour subsister
Jusqu'à la saison nouvelle.
« Je vous paierai, lui dit-elle,
Avant l'oût, foi d'animal,
Intérêt et principal. »
La fourmi n'est pas prêteuse :
C'est là son moindre défaut.
« Que faisiez-vous au temps chaud ?
Dit-elle à cette emprunteuse.
- Nuit et jour à tout venant
Je chantais, ne vous déplaise.
- Vous chantiez ? j'en suis fort aise :
Eh bien ! dansez maintenant. »

Commère
Fourmi

Le Corbeau et le Renard

Maître corbeau, sur un arbre perché,
Tenait en son bec un fromage.
Maître renard, par l'odeur alléché,
Lui tint à peu près ce langage :
« Hé ! bonjour, Monsieur du Corbeau,
Que vous êtes joli ! que vous me semblez beau !
Sans mentir, si votre ramage
Se rapporte à votre plumage,
Vous êtes le phénix des hôtes de ces bois. »
À ces mots le corbeau ne se sent pas de joie ;
Et pour montrer sa belle voix,
Il ouvre un large bec, laisse tomber sa proie.
Le renard s'en saisit, et dit : « Mon bon Monsieur,
Apprenez que tout flatteur
Vit aux dépens de celui qui l'écoute :
Cette leçon vaut bien un fromage, sans doute. »
Le corbeau, honteux et confus,
Jura, mais un peu tard, qu'on ne l'y prendrait plus.

La Grenouille qui veut se faire aussi grosse que le Bœuf

Une grenouille vit un bœuf
Qui lui sembla de belle taille.
Elle, qui n'était pas grosse en tout comme un œuf,
Envieuse, s'étend, et s'enfle, et se travaille,
Pour égaler l'animal en grosseur,
Disant : « Regardez bien, ma sœur ;
Est-ce assez ? dites-moi ; n'y suis-je point encore ?
Nenni. - M'y voici donc ? - Point du tout. - M'y voilà ?
- Vous n'en approchez point.». La chétive pécore
S'enfla si bien qu'elle creva.
Le monde est plein de gens qui ne sont pas plus sages
Tout bourgeois veut bâtir comme les grands seigneurs,
Tout petit prince a des ambassadeurs,
Tout marquis veut avoir des pages.

L'Âne et ses Maîtres

L'âne d'un jardinier se plaignait au destin
De ce qu'on le faisait lever devant l'aurore.
« Les coqs, lui disait-il, ont beau chanter matin,
Je suis plus matineux encore.
Et pourquoi ? Pour porter des herbes au marché :
Belle nécessité d'interrompre mon somme ! »
Le sort, de sa plainte touché,
Lui donne un autre maître, et l'animal de somme
Passe du jardinier aux mains d'un corroyeur.
La pesanteur des peaux et leur mauvaise odeur
Eurent bientôt choqué l'impertinente bête.
« J'ai regret, disait-il, à mon premier seigneur :
Encor, quand il tournait la tête,
J'attrapais, s'il m'en souvient bien,
Quelque morceau de chou qui ne me coûtait rien ;
Mais ici point d'aubaine, ou, si j'en ai quelqu'une,
C'est de coups. » Il obtint changement de fortune,
Et sur l'état d'un charbonnier
Il fut couché tout le dernier.
Autre plainte. « Quoi donc ? dit le sort en colère,
Ce baudet-ci m'occupe autant
Que cent monarques pourraient faire.
Croit-il être le seul qui ne soit pas content ?
N'ai-je en l'esprit que son affaire ? »

Le sort avait raison. Tous gens sont ainsi faits :
Notre condition jamais ne nous contente ;
La pire est toujours la présente ;
Nous fatiguons le ciel à force de placets.
Qu'à chacun Jupiter accorde sa requête,
Nous lui romprons encor la tête.

Le Mulet se vantant de sa généalogie

Le mulet d'un prélat se piquait de noblesse,
Et ne parlait incessamment
Que de sa mère la jument,
Dont il contait mainte prouesse :
Elle avait fait ceci, puis avait été là.
Son fils prétendait pour cela
Qu'on le dût mettre dans l'histoire.
Il eût cru s'abaisser servant un médecin.
Étant devenu vieux, on le mit au moulin :
Son père l'âne alors lui revint en mémoire.

Quand le malheur ne serait bon
Qu'à mettre un sot à la raison,
Toujours serait-ce à juste cause
Qu'on le dit bon à quelque chose.

Le Rat de ville et le Rat des champs

Autrefois le rat de ville
Invita le rat des champs,
D'une façon fort civile,
À des reliefs d'ortolans.

Sur un tapis de Turquie
Le couvert se trouva mis.
Je laisse à penser la vie
Que firent ces deux amis.

Le régal fut fort honnête :
Rien ne manquait au festin ;
Mais quelqu'un troubla la fête
Pendant qu'ils étaient en train.

À la porte de la salle
Ils entendirent du bruit :
Le rat de ville détale ;
Son camarade le suit.

Le bruit cesse, on se retire :
Rats en campagne aussitôt ;
Et le citadin de dire :
« Achevons tout notre rôt.

- C'est assez, dit le rustique ;
Demain vous viendrez chez moi.
Ce n'est pas que je me pique
De tous vos festins de roi ;

Mais rien ne vient m'interrompre :
Je mange tout à loisir.
Adieu donc. Fi du plaisir
Que la crainte peut corrompre ! »

CHÂTEAU
LA FONTAINE

Le Renard et la Cigogne

Compère le renard se mit un jour en frais,
Et retint à dîner commère la cigogne.
Le régal fut petit et sans beaucoup d'apprêts :
Le galand, pour toute besogne,
Avait un brouet clair ; il vivait chichement.
Ce brouet fut par lui servi sur une assiette :
La cigogne au long bec n'en put attraper miette,
Et le drôle eut lapé le tout en un moment.
Pour se venger de cette tromperie,
À quelque temps de là, la cigogne le prie.
« Volontiers, lui dit-il ; car avec mes amis
Je ne fais point cérémonie. »
À l'heure dite, il courut au logis
De la cigogne son hôtesse ;
Loua très fort la politesse ;
Trouva le dîner cuit à point :
Bon appétit surtout ; renards n'en manquent point.
Il se réjouissait à l'odeur de la viande
Mise en menus morceaux, et qu'il croyait friande.
On servit, pour l'embarrasser,
En un vase à long col et d'étroite embouchure.
Le bec de la cigogne y pouvait bien passer ;
Mais le museau du sire était d'autre mesure.
Il lui fallut à jeun retourner au logis,
Honteux comme un renard qu'une poule aurait pris,
Serrant la queue, et portant bas l'oreille.

Trompeurs, c'est pour vous que j'écris :
Attendez-vous à la pareille.

Le Meunier, son Fils et l'Âne

L'invention des arts étant un droit d'aînesse,
Nous devons l'apologue à l'ancienne Grèce ;
Mais ce champ ne se peut tellement moissonner
Que les derniers venus n'y trouvent à glaner.
La feinte est un pays plein de terres désertes ;
Tous les jours nos auteurs y font des découvertes.
Je t'en veux dire un trait assez bien inventé :
Autrefois à Racan Malherbe l'a conté.
Ces deux rivaux d'Horace, héritiers de sa lyre,
Disciples d'Apollon, nos maîtres, pour mieux dire,
Se rencontrant un jour tout seuls et sans témoins
(Comme ils se confiaient leurs pensers et leurs soins),
Racan commence ainsi : « Dites-moi, je vous prie,
Vous qui devez savoir les choses de la vie,
Qui par tous ses degrés avez déjà passé,
Et que rien ne doit fuir en cet âge avancé,
À quoi me résoudrai-je ? Il est temps que j'y pense.
Vous connaissez mon bien, mon talent, ma naissance :
Dois-je dans la province établir mon séjour,
Prendre emploi dans l'armée, ou bien charge à la cour ?
Tout au monde est mêlé d'amertume et de charmes :
La guerre a ses douceurs, l'hymen a ses alarmes.
Si je suivais mon goût, je saurais où buter ;
Mais j'ai les miens, la cour, le peuple à contenter. »
Malherbe là-dessus : « Contenter tout le monde !
Écoutez ce récit avant que je réponde.

« J'ai lu dans quelque endroit qu'un meunier et son fils,
L'un vieillard, l'autre enfant, non pas des plus petits,
Mais garçon de quinze ans, si j'ai bonne mémoire,
Allaient vendre leur âne, un certain jour de foire.
Afin qu'il fût plus frais et de meilleur débit,
On lui lia les pieds, on vous le suspendit ;
Puis cet homme et son fils le portent comme un lustre.
Pauvres gens, idiots, couple ignorant et rustre !
Le premier qui les vit de rire s'éclata :
« Quelle farce, dit-il, vont jouer ces gens-là ?
« Le plus âne des trois n'est pas celui qu'on pense. »
Le meunier à ces mots, connaît son ignorance ;
Il met sur pieds sa bête, et la fait détaler.
L'âne, qui goûtait fort l'autre façon d'aller,
Se plaint en son patois. Le meunier n'en a cure ;

.../...

Il fait monter son fils, il suit, et d'aventure
Passent trois bons marchands. Cet objet leur déplut.
Le plus vieux au garçon s'écria tant qu'il put :
« Oh là oh, descendez, que l'on ne vous le dise,
Jeune homme, qui menez laquais à barbe grise !
C'était à vous de suivre, au vieillard de monter.
- Messieurs, dit le meunier, il vous faut contenter. »
L'enfant met pied à terre, et puis le vieillard monte,
Quand trois filles passant, l'une dit : « C'est grand honte
Qu'il faille voir ainsi clocher ce jeune fils,
Tandis que ce nigaud, comme un évêque assis,
Fait le veau sur son âne, et pense être bien sage.
- Il n'est, dit le meunier, plus de veaux à mon âge.
Passez votre chemin, la fille, et m'en croyez. »
Après maints quolibets coup sur coup renvoyés,
L'homme crut avoir tort, et mit son fils en croupe.
Au bout de trente pas, une troisième troupe
Trouve encore à gloser. L'un dit : « Ces gens sont fous.
Le baudet n'en peut plus, il mourra sous leurs coups !
Hé quoi ? charger ainsi cette pauvre bourrique !
N'ont-ils point de pitié de leur vieux domestique ?
Sans doute qu'à la foire ils vont vendre sa peau.
- Parbieu ! dit le meunier, est bien fou du cerveau
Qui prétend contenter tout le monde et son père.
Essayons toutefois, si par quelque manière
Nous en viendrons à bout. » Ils descendent tous deux.
L'âne se prélassant marche seul devant eux.
Un quidam les rencontre, et dit : « Est-ce la mode
Que baudet aille à l'aise, et meunier s'incommode ?
Qui de l'âne ou du maître est fait pour se lasser ?
Je conseille à ces gens de le faire enchâsser.
Ils usent leurs souliers, et conservent leur âne.
Nicolas, au rebours ; car, quand il va voir Jeanne,
Il monte sur sa bête ; et la chanson le dit.
Beau trio de baudets ! Le meunier repartit :
« Je suis âne, il est vrai, j'en conviens, je l'avoue ;
Mais que dorénavant on me blâme, on me loue,
Qu'on dise quelque chose ou qu'on ne dise rien,
J'en veux faire à ma tête. » Il le fit, et fit bien.

Quant à vous, suivez Mars, ou l'amour, ou le prince ;
Allez, venez, courez ; demeurez en province ;
Prenez femme, abbaye, emploi, gouvernement :
Les gens en parleront, n'en doutez nullement. »

Le Loup devenu Berger

Un loup, qui commençait d'avoir petite part
  Aux brebis de son voisinage,
Crut qu'il fallait s'aider de la peau du renard,
  Et faire un nouveau personnage.
Il s'habille en berger, endosse un hoqueton,
  Fait sa houlette d'un bâton,
  Sans oublier la cornemuse.
  Pour pousser jusqu'au bout la ruse,
Il aurait volontiers écrit sur son chapeau :
« C'est moi qui suis Guillot, berger de ce troupeau. »
  Sa personne étant ainsi faite,
Et ses pieds de devant posés sur sa houlette,
Guillot le sycophante approche doucement.
Guillot, le vrai Guillot, étendu sur l'herbette,
  Dormait alors profondément ;
Son chien dormait aussi, comme aussi sa musette :
La plupart des brebis dormaient pareillement.
  L'hypocrite les laissa faire ;
Et pour pouvoir mener vers son fort les brebis,
Il voulut ajouter la parole aux habits,
  Chose qu'il croyait nécessaire.
  Mais cela gâta son affaire :
Il ne put du pasteur contrefaire la voix.
Le ton dont il parla fit retentir les bois,
  Et découvrit tout le mystère.
  Chacun se réveille à ce son,
  Les brebis, le chien, le garçon.
  Le pauvre loup, dans cet esclandre,
  Empêché par son hoqueton,
  Ne put ni fuir ni se défendre.

Toujours par quelque endroit fourbes se laissent prendre.
  Quiconque est loup agisse en loup :
  C'est le plus certain de beaucoup.

Le Loup et l'Agneau

La raison du plus fort est toujours la meilleure :
Nous l'allons montrer tout à l'heure.

Un agneau se désaltérait
Dans le courant d'une onde pure.
Un loup survient à jeun, qui cherchait aventure,
Et que la faim en ces lieux attirait.
« Qui te rend si hardi de troubler mon breuvage ?
Dit cet animal plein de rage :
Tu seras châtié de ta témérité.
- Sire, répond l'agneau, que Votre Majesté
Ne se mette pas en colère ;
Mais plutôt qu'elle considère
Que je me vas désaltérant
Dans le courant,
Plus de vingt pas au-dessous d'Elle ;
Et que par conséquent, en aucune façon,
Je ne puis troubler sa boisson.
- Tu la troubles, reprit cette bête cruelle ;
Et je sais que de moi tu médis l'an passé.
- Comment l'aurais-je fait si je n'étais pas né ?
Reprit l'agneau, je tète encor ma mère.
- Si ce n'est toi, c'est donc ton frère.
- Je n'en ai point. - C'est donc quelqu'un des tiens ;
Car vous ne m'épargnez guère,
Vous, vos bergers, et vos chiens.
On me l'a dit : il faut que je me venge. »
Là-dessus, au fond des forêts
Le loup l'emporte et puis le mange,
Sans autre forme de procès.

Le Paon se plaignant à Junon

Le paon se plaignait à Junon.
« Déesse, disait-il, ce n'est pas sans raison
Que je me plains, que je murmure :
Le chant dont vous m'avez fait don
Déplaît à toute la nature ;
Au lieu qu'un rossignol, chétive créature,
Forme des sons aussi doux qu'éclatants,
Est lui seul l'honneur du printemps.
Junon répondit en colère :
« Oiseau jaloux, et qui devrais te taire,
Est-ce à toi d'envier la voix du rossignol,
Toi que l'on voit porter à l'entour de ton col
Un arc-en-ciel nué de cent sortes de soies ;
Qui te panades, qui déploies
Une si riche queue, et qui semble à nos yeux
La boutique d'un lapidaire ?
Est-il quelque oiseau sous les cieux
Plus que toi capable de plaire ?
Tout animal n'a pas toutes propriétés.
Nous vous avons donné diverses qualités :
Les uns ont la grandeur et la force en partage ;
Le faucon est léger, l'aigle plein de courage ;
Le corbeau sert pour le présage ;
La corneille avertit des malheurs à venir ;
Tous sont contents de leur ramage.
Cesse donc de te plaindre ; ou bien, pour te punir,
Je t'ôterai ton plumage. »

ROSS
A VOIX
SWING
Jazz
Club
SAXO
HE BEST OF
JOHN FOUNTAIN

Conseil tenu par les Rats

Un chat, nommé Rodilardus
Faisait des rats telle déconfiture
Que l'on n'en voyait presque plus,
Tant il en avait mis dedans la sépulture.
Le peu qu'il en restait, n'osant quitter son trou,
Ne trouvait à manger que le quart de son soûl ;
Et Rodilard passait, chez la gent misérable,
Non pour un chat, mais pour un diable.
Or, un jour qu'au haut et au loin
Le galand alla chercher femme,
Pendant tout le sabbat qu'il fit avec sa dame,
Le demeurant des rats tint chapitre en un coin
Sur la nécessité présente.
Dès l'abord, leur doyen, personne fort prudente,
Opina qu'il fallait, et plus tôt que plus tard,
Attacher un grelot au cou de Rodilard ;
Qu'ainsi, quand il irait en guerre,
De sa marche avertis, ils s'enfuiraient en terre ;
Qu'il n'y savait que ce moyen.
Chacun fut de l'avis de Monsieur le Doyen :
Chose ne leur parut à tous plus salutaire.
La difficulté fut d'attacher le grelot.
L'un dit : « Je n'y vas point, je ne suis pas si sot »,
L'autre : « Je ne saurais. » Si bien que sans rien faire
On se quitta. J'ai maints chapitres vus,
Qui pour néant se sont ainsi tenus ;
Chapitres, non de rats, mais chapitres de moines,
Voire chapitres de chanoines.
Ne faut-il que délibérer,
La cour en conseillers foisonne ;
Est-il besoin d'exécuter,
L'on ne rencontre plus personne.

Le Dragon à plusieurs têtes et le Dragon à plusieurs queues

Un envoyé du Grand Seigneur
Préférait, dit l'histoire, un jour chez l'Empereur,
Les forces de son maître à celles de l'Empire.
Un Allemand se mit à dire :
« Notre prince a des dépendants
Qui, de leur chef, sont si puissants
Que chacun d'eux pourrait soudoyer une armée. »
Le chiaoux, homme de sens,
Lui dit : « Je sais par renommée
Ce que chaque Électeur peut de monde fournir ;
Et cela me fait souvenir
D'une aventure étrange, et qui pourtant est vraie.
J'étais en un lieu sûr, lorsque je vis passer
Les cent têtes d'une hydre au travers d'une haie.
Mon sang commence à se glacer ;
Et je crois qu'à moins on s'effraie.
Je n'en eus toutefois que la peur sans le mal :
Jamais le corps de l'animal
Ne put venir vers moi, ni trouver d'ouverture.
Je rêvais à cette aventure,
Quand un autre dragon, qui n'avait qu'un seul chef,
Et bien plus d'une queue, à passer se présente.
Me voilà saisi derechef
D'étonnement et d'épouvante.
Ce chef passe, et le corps, et chaque queue aussi :
Rien ne les empêcha ; l'un fit chemin à l'autre.
Je soutiens qu'il en est ainsi
De votre empereur et du nôtre. »

Le Chêne et le Roseau

Le chêne un jour dit au roseau :
« Vous avez bien sujet d'accuser la nature ;
Un roitelet pour vous est un pesant fardeau ;
Le moindre vent qui d'aventure
Fait rider la face de l'eau,
Vous oblige à baisser la tête,
Cependant que mon front, au Caucase pareil,
Non content d'arrêter les rayons du soleil,
Brave l'effort de la tempête.
Tout vous est aquilon, tout me semble zéphyr.
Encor si vous naissiez à l'abri du feuillage
Dont je couvre le voisinage,
Vous n'auriez pas tant à souffrir :
Je vous défendrais de l'orage ;
Mais vous naissez le plus souvent
Sur les humides bords des royaumes du vent.
La nature envers vous me semble bien injuste.
- Votre compassion, lui répondit l'arbuste,
Part d'un bon naturel ; mais quittez ce souci.
Les vents me sont moins qu'à vous redoutables :
Je plie, et ne romps pas. Vous avez jusqu'ici
Contre leurs coups épouvantables
Résisté sans courber le dos ;
Mais attendons la fin. » Comme il disait ces mots,
Du bout de l'horizon accourt avec furie
Le plus terrible des enfants
Que le Nord eût portés jusque-là dans ses flancs.
L'arbre tient bon ; le roseau plie.
Le vent redouble ses efforts,
Et fait si bien qu'il déracine
Celui de qui la tête au ciel était voisine,
Et dont les pieds touchaient à l'empire des morts.

Le Héron
(suivi de La Fille)

Un jour, sur ses longs pieds, allait je ne sais où,
Le héron au long bec emmanché d'un long cou.
Il côtoyait une rivière.
L'onde était transparente ainsi qu'aux plus beaux jours ;
Ma commère la carpe y faisait mille tours,
Avec le brochet son compère.
Le héron en eût fait aisément son profit :
Tous approchaient du bord, l'oiseau n'avait qu'à prendre.
Mais il crut mieux faire d'attendre
Qu'il eût un peu plus d'appétit :
Il vivait de régime, et mangeait à ses heures.
Après quelques moments, l'appétit vint : l'oiseau,
S'approchant du bord, vit sur l'eau
Des tanches qui sortaient du fond de ces demeures.
Le mets ne lui plut pas ; il s'attendait à mieux,
Et montrait un goût dédaigneux,
Comme le rat du bon Horace.
« Moi des tanches ! dit-il, moi héron, que je fasse
Une si pauvre chère ? Et pour qui me prend-on ? »
La tanche rebutée, il trouva du goujon.
« Du goujon ! c'est bien là le dîner d'un héron !
J'ouvrirais pour si peu le bec ! aux dieux ne plaise ! »
Il l'ouvrit pour bien moins : tout alla de façon
Qu'il ne vit plus aucun poisson.
La faim le prit : il fut tout heureux et tout aise
De rencontrer un limaçon.

Ne soyons pas si difficiles :
Les plus accommodants, ce sont les plus habiles ;
On hasarde de perdre en voulant trop gagner.
Gardez-vous de rien dédaigner,
Surtout quand vous avez à peu près votre compte.
Bien des gens y sont pris ; ce n'est pas aux hérons
Que je parle ; écoutez, humains, un autre conte :
Vous verrez que chez vous j'ai puisé ces leçons.

La Fille

Certaine fille, un peu trop fière,
Prétendait trouver un mari
Jeune, bien fait et beau, d'agréable manière,
Point froid et point jaloux : notez ces deux points-ci.
Cette fille voulait aussi
Qu'il eût du bien, de la naissance,
De l'esprit, enfin tout. Mais qui peut tout avoir ?
Le destin se montra soigneux de la pourvoir :
Il vint des partis d'importance.
La belle les trouva trop chétifs de moitié :
« Quoi ? moi ! quoi ? ces gens-là ! l'on radote, je pense.
À moi les proposer ! hélas ils font pitié :
Voyez un peu la belle espèce ! »
L'un n'avait en l'esprit nulle délicatesse ;
L'autre avait le nez fait de cette façon-là :
C'était ceci, c'était cela ;
C'était tout ; car les précieuses
Font dessus tous les dédaigneuses.
Après les bons partis, les médiocres gens
Vinrent se mettre sur les rangs.
Elle de se moquer. « Ah ! vraiment je suis bonne
De leur ouvrir la porte ! Ils pensent que je suis
Fort en peine de ma personne :
Grâce à Dieu, je passe les nuits
Sans chagrin, quoique en solitude. »

.../...

La belle se sut gré de tous ces sentiments ;
L'âge la fit déchoir : adieu tous les amants.
Un an se passe, et deux, avec inquiétude ;
Le chagrin vient ensuite : elle sent chaque jour
Déloger quelques Ris, quelques Jeux, puis l'Amour ;
Puis ses traits choquer et déplaire ;
Puis cent sortes de fards. Ses soins ne purent faire
Qu'elle échappât au temps, cet insigne larron.
Les ruines d'une maison
Se peuvent réparer ; que n'est cet avantage
Pour les ruines du visage ?
Sa préciosité changea lors de langage.
Son miroir lui disait : « Prenez vite un mari. »
Je ne sais quel désir le lui disait aussi ;
Le désir peut loger chez une précieuse.
Celle-ci fit un choix qu'on n'aurait jamais cru,
Se trouvant à la fin tout aise et tout heureuse
De rencontrer un malotru.

Le Lion et le Rat

(suivi de La Colombe et la Fourmi)

Il faut, autant qu'on peut, obliger tout le monde
On a souvent besoin d'un plus petit que soi.
De cette vérité deux fables feront foi,
Tant la chose en preuves abonde.

Entre les pattes d'un lion
Un rat sortit de terre assez à l'étourdie.
Le roi des animaux, en cette occasion,
Montra ce qu'il était, et lui donna la vie.
Ce bienfait ne fut pas perdu.
Quelqu'un aurait-il jamais cru
Qu'un lion d'un rat eût affaire ?
Cependant il advint qu'au sortir des forêts
Ce lion fut pris dans des rets,
Dont ses rugissements ne le purent défaire.
Sire rat accourut, et fit tant par ses dents
Qu'une maille rongée emporta tout l'ouvrage.

Patience et longueur de temps
Font plus que force ni que rage.

La Colombe et la Fourmi

L'autre exemple est tiré d'animaux plus petits.

Le long d'un clair ruisseau buvait une colombe,
Quand sur l'eau se penchant une fourmis y tombe
Et dans cet océan l'on eût vu la fourmis
S'efforcer, mais en vain, de regagner la rive.
La colombe aussitôt usa de charité :
Un brin d'herbe dans l'eau par elle étant jeté,
Ce fut un promontoire où la fourmis arrive.
Elle se sauve ; et là-dessus
Passe un certain croquant qui marchait les pieds nus.
Ce croquant, par hasard, avait une arbalète.
Dès qu'il voit l'oiseau de Vénus,
Il le croit en son pot, et déjà lui fait fête.
Tandis qu'à le tuer mon villageois s'apprête,
La fourmis le pique au talon.
Le vilain retourne la tête :
La colombe l'entend, part, et tire de long.
Le soupé du croquant avec elle s'envole :
Point de pigeon pour une obole.

L'Oiseau blessé d'une Flèche

Mortellement atteint d'une flèche empennée,
Un oiseau déplorait sa triste destinée,
Et disait, en souffrant un surcroît de douleur :
« Faut-il contribuer à son propre malheur !
   Cruels humains ! vous tirez de nos ailes
De quoi faire voler ces machines mortelles.
Mais ne vous moquez point, engeance sans pitié :
Souvent il vous arrive un sort comme le nôtre.
Des enfants de Japet toujours une moitié
      Fournira des armes à l'autre. »

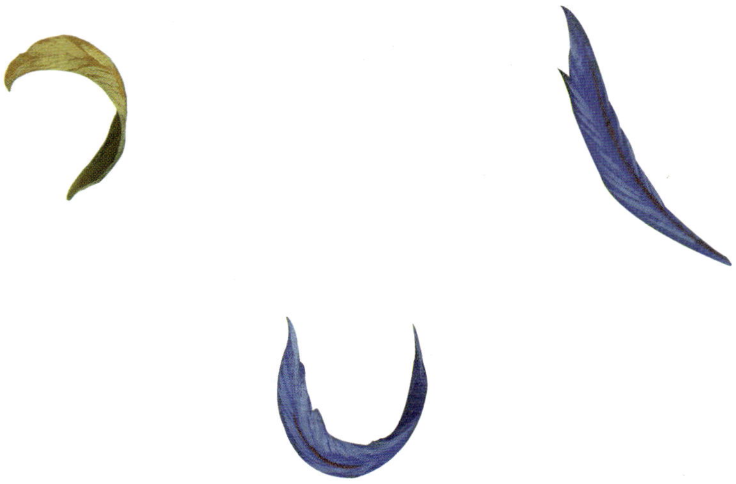

-THE-

Le Renard et les Poulets d'Inde

Contre les assauts d'un renard
Un arbre à des dindons servait de citadelle.
Le perfide ayant fait tout le tour du rempart,
Et vu chacun en sentinelle,
S'écria : « Quoi ! Ces gens se moqueront de moi !
Eux seuls seront exempts de la commune loi !
Non, par tous les dieux ! non. » Il accomplit son dire.
La lune, alors luisant, semblait, contre le sire,
Vouloir favoriser la dindonnière gent.
Lui, qui n'était novice au métier d'assiégeant,
Eut recours à son sac de ruses scélérates,
Feignit vouloir gravir, se guinda sur ses pattes ;
Puis contrefit le mort, puis le ressuscité.
Arlequin n'eût exécuté
Tant de différents personnages.
Il élevait sa queue, il la faisait briller,
Et cent mille autres badinages.
Pendant quoi nul dindon n'eût osé sommeiller.
L'ennemi les lassait en leur tenant la vue
Sur même objet toujours tendue.
Les pauvres gens étant à la longue éblouis,
Toujours il en tombait quelqu'un : autant de pris,
Autant de mis à part : près de moitié succombe.
Le compagnon les porte en son garde-manger.

Le trop d'attention qu'on a pour le danger
Fait le plus souvent qu'on y tombe.

Le Pot de terre et le Pot de fer

Le pot de fer proposa
Au pot de terre un voyage.
Celui-ci s'en excusa,
Disant qu'il ferait que sage
De garder le coin du feu,
Car il lui fallait si peu,
Si peu, que la moindre chose
De son débris serait cause :
Il n'en reviendrait morceau.
« Pour vous, dit-il, dont la peau
Est plus dure que la mienne,
Je ne vois rien qui vous tienne.
- Nous vous mettrons à couvert,
Repartit le pot de fer :
Si quelque matière dure
Vous menace d'aventure,
Entre deux je passerai,
Et du coup vous sauverai. »
Cette offre le persuade.
Pot de fer son camarade
Se met droit à ses côtés.
Mes gens s'en vont à trois pieds,
Clopin-clopant comme ils peuvent,
L'un contre l'autre jetés
Au moindre hoquet qu'ils treuvent.
Le pot de terre en souffre ; il n'eut pas fait cent pas
Que par son compagnon il fut mis en éclats,
Sans qu'il eût lieu de se plaindre.

Ne nous associons qu'avecque nos égaux,
Ou bien il nous faudra craindre
Le destin d'un de ces pots.

La Belette entrée dans un Grenier

Damoiselle belette, au corps long et flouet,
Entra dans un grenier par un trou fort étroit :
    Elle sortait de maladie.
    Là, vivant à discrétion,
    La galante fit chère lie,
    Mangea, rongea : Dieu sait la vie,
Et le lard qui périt en cette occasion !
    La voilà, pour conclusion,
    Grasse, mafflue et rebondie.
Au bout de la semaine, ayant dîné son soûl,
Elle entend quelque bruit, veut sortir par le trou,
Ne peut plus repasser, et croit s'être méprise.
    Après avoir fait quelques tours,
« C'est, dit-elle, l'endroit : me voilà bien surprise ;
J'ai passé par ici depuis cinq ou six jours. »
    Un rat, qui la voyait en peine,
Lui dit : « Vous aviez lors la panse un peu moins pleine.
Vous êtes maigre entrée, il faut maigre sortir.
Ce que je vous dis là, l'on le dit à bien d'autres ;
Mais ne confondons point, par trop approfondir,
    Leurs affaires avec les vôtres. »

SIROP CERISES
YEUX DE SERPENTS
CONFITURE DE FRAISES
Haricots MAGIQUES
DOMAINE LA FONTAINE

Le Geai paré des plumes du Paon

Un paon muait : un geai prit son plumage ;
    Puis après se l'accommoda ;
Puis parmi d'autres paons tout fier se panada,
    Croyant être un beau personnage.
Quelqu'un le reconnut : il se vit bafoué,
    Berné, sifflé, moqué, joué,
Et par Messieurs les paons plumé d'étrange sorte ;
Même vers ses pareils s'étant réfugié,
    Il fut par eux mis à la porte.

Il est assez de geais à deux pieds comme lui,
Qui se parent souvent des dépouilles d'autrui,
    Et que l'on nomme plagiaires.
Je m'en tais, et ne veux leur causer nul ennui :
    Ce ne sont pas là mes affaires.

Le Loup, la Chèvre et le Chevreau

La bique allant remplir sa traînante mamelle,
Et paître l'herbe nouvelle,
Ferma sa porte au loquet,
Non sans dire à son biquet :
« Gardez-vous, sur votre vie,
D'ouvrir que l'on ne vous die,
Pour enseigne et mot du guet :
Foin du loup et de sa race ! »
Comme elle disait ces mots,
Le loup de fortune passe ;
Il les recueille à propos,
Et les garde en sa mémoire.
La bique, comme on peut croire,
N'avait pas vu le glouton.
Dès qu'il la voit partie, il contrefait son ton
Et d'une voix papelarde
Il demande qu'on ouvre, en disant : « Foin du loup ! »
Et croyant entrer tout d'un coup.
Le biquet soupçonneux par la fente regarde :
« Montrez-moi patte blanche, ou je n'ouvrirai point »,
S'écria-t-il d'abord. Patte blanche est un point
Chez les Loups, comme on sait, rarement en usage.
Celui-ci, fort surpris d'entendre ce langage,
Comme il était venu s'en retourna chez soi.
Où serait le biquet s'il eût ajouté foi
Au mot du guet que de fortune
Notre loup avait entendu ?

Deux sûretés valent mieux qu'une,
Et le trop en cela ne fut jamais perdu.

Les oreilles du Lièvre

Un animal cornu blessa de quelques coups
Le lion, qui plein de courroux,
Pour ne plus tomber en la peine,
Bannit des lieux de son domaine
Toute bête portant des cornes à son front.
Chèvres, béliers, taureaux aussitôt délogèrent ;
Daims et cerfs de climat changèrent :
Chacun à s'en aller fut prompt.
Un lièvre, apercevant l'ombre de ses oreilles,
Craignit que quelque inquisiteur
N'allât interpréter à cornes leur longueur,
Ne les soutînt en tout à des cornes pareilles.
« Adieu, voisin grillon, dit-il, je pars d'ici :
Mes oreilles enfin seraient cornes aussi ;
Et quand je les aurais plus courtes qu'une autruche,
Je craindrais même encor. » Le grillon repartit :
« Cornes cela ? Vous me prenez pour cruche ;
Ce sont oreilles que Dieu fit.
- On les fera passer pour cornes,
Dit l'animal craintif, et cornes de licornes.
J'aurai beau protester ; mon dire et mes raisons
Iront aux Petites-Maisons. »

Le Cygne et le Cuisinier

Dans une ménagerie
De volatiles remplie
Vivaient le cygne et l'oison :
Celui-là destiné pour les regards du maître ;
Celui-ci, pour son goût : l'un qui se piquait d'être
Commensal du jardin, l'autre, de la maison.
Des fossés du château faisant leurs galeries,
Tantôt on les eût vus côte à côte nager,
Tantôt courir sur l'onde, et tantôt se plonger,
Sans pouvoir satisfaire à leurs vaines envies.
Un jour le cuisinier, ayant trop bu d'un coup,
Prit pour oison le cygne ; et le tenant au cou,
Il allait l'égorger, puis le mettre en potage.
L'oiseau, prêt à mourir, se plaint en son ramage.
Le cuisinier fut fort surpris,
Et vit bien qu'il s'était mépris.
« Quoi ? je mettrais, dit-il un tel chanteur en soupe !
Non, non, ne plaise aux dieux que jamais ma main coupe
La gorge à qui s'en sert si bien ! »

Ainsi dans les dangers qui nous suivent en croupe
Le doux parler ne nuit de rien.

L'Homme et la Puce

Par des vœux importuns nous fatiguons les dieux,
Souvent pour des sujets même indignes des hommes :
Il semble que le Ciel sur tous tant que nous sommes
Soit obligé d'avoir incessamment les yeux,
Et que le plus petit de la race mortelle,
À chaque pas qu'il fait, à chaque bagatelle,
Doive intriguer l'Olympe et tous ses citoyens
Comme s'il s'agissait des Grecs et des Troyens.

Un sot par une puce eut l'épaule mordue ;
Dans les plis de ses draps elle alla se loger.
« Hercule, se dit-il, tu devais bien purger
La terre de cette hydre au printemps revenue.
Que fais-tu, Jupiter, que du haut de la nue
Tu n'en perdes la race afin de me venger ? »
Pour tuer une puce, il voulait obliger
Ces dieux à lui prêter leur foudre et leur massue.

Le Coche et la Mouche

Dans un chemin montant, sablonneux, malaisé,
Et de tous les côtés au soleil exposé,
Six forts chevaux tiraient un coche.
Femmes, moine, vieillards, tout était descendu ;
L'attelage suait, soufflait, était rendu.
Une mouche survient, et des chevaux s'approche,
Prétend les animer par son bourdonnement,
Pique l'un, pique l'autre, et pense à tout moment
Qu'elle fait aller la machine,
S'assied sur le timon, sur le nez du cocher.
Aussitôt que le char chemine,
Et qu'elle voit les gens marcher,
Elle s'en attribue uniquement la gloire,
Va, vient, fait l'empressée ; il semble que ce soit
Un sergent de bataille allant en chaque endroit
Faire avancer ses gens, et hâter la victoire.
La mouche en ce commun besoin,
Se plaint qu'elle agit seule, et qu'elle a tout le soin ;
Qu'aucun n'aide aux chevaux à se tirer d'affaire.
Le moine disait son bréviaire ;
Il prenait bien son temps ! une femme chantait ;
C'était bien de chansons qu'alors il s'agissait !
Dame mouche s'en va chanter à leurs oreilles,
Et fait cent sottises pareilles.
Après bien du travail, le coche arrive au haut :
« Respirons maintenant ! dit la mouche aussitôt :
J'ai tant fait que nos gens sont enfin dans la plaine.
Ça, Messieurs les chevaux, payez-moi de ma peine. »

Ainsi certaines gens, faisant les empressés,
S'introduisent dans les affaires :
Ils font partout les nécessaires,
Et, partout importuns, devraient être chassés.

L'Aigle et le Hibou

L'aigle et le chat-huant leurs querelles cessèrent,
Et firent tant qu'ils s'embrassèrent.
L'un jura foi de roi, l'autre foi de hibou,
Qu'ils ne se goberaient leurs petits peu ni prou.
« Connaissez-vous les miens ? dit l'oiseau de Minerve.
- Non, dit l'aigle.- Tant pis, reprit le triste oiseau :
Je crains en ce cas pour leur peau :
C'est hasard si je les conserve.
Comme vous êtes roi, vous ne considérez
Qui ni quoi : rois et dieux mettent, quoi qu'on leur die,
Tout en même catégorie.
Adieu mes nourrissons si vous les rencontrez.
- Peignez-les-moi, dit l'aigle, ou bien me les montrez :
Je n'y toucherai de ma vie. »
Le hibou repartit : « Mes petits sont mignons,
Beaux, bien faits, et jolis sur tous leurs compagnons :
Vous les reconnaîtrez sans peine à cette marque.
N'allez pas l'oublier ; retenez-la si bien
Que chez moi la maudite Parque
N'entre point par votre moyen. »
Il avint qu'au hibou Dieu donna géniture.
De façon qu'un beau soir qu'il était en pâture,
Notre aigle aperçut d'aventure,
Dans les coins d'une roche dure,
Ou dans les trous d'une masure
(Je ne sais par lequel des deux),
De petits monstres fort hideux,
Rechignés, un air triste, une voix de Mégère.
« Ces enfants ne sont pas, dit l'aigle, à notre ami.
Croquons-les. » Le galand n'en fit pas à demi :
Ses repas ne sont point repas à la légère.
Le hibou, de retour, ne trouve que les pieds
De ses chers nourrissons, hélas ! pour toute chose.
Il se plaint ; et les dieux sont par lui suppliés
De punir le brigand qui de son deuil est cause.
Quelqu'un lui dit alors : « N'en accuse que toi,
Ou plutôt la commune loi
Qui veut qu'on trouve son semblable
Beau, bien fait, et sur tous aimable.
Tu fis de tes enfants à l'aigle ce portrait :
En avaient-ils le moindre trait ? »

Conseil de Guerre
TERRA NOVA

Le Lion s'en allant en guerre

Le Lion dans sa tête avait une entreprise :
Il tint conseil de guerre, envoya ses prévots,
Fit avertir les animaux.
Tous furent du dessein, chacun selon sa guise :
L'éléphant devait sur son dos
Porter l'attirail nécessaire,
Et combattre à son ordinaire ;
L'ours, s'apprêter pour les assauts ;
Le renard, ménager de secrètes pratiques ;
Et le singe, amuser l'ennemi par ses tours.
« Renvoyez, dit quelqu'un, les ânes qui sont lourds,
Et les lièvres sujets à des terreurs paniques.
- Point du tout, dit le roi ; je les veux employer :
Notre troupe sans eux ne serait pas complète.
L'âne effraiera les gens, nous servant de trompette ;
Et le lièvre pourra nous servir de courrier. »

Le monarque prudent et sage
De ses moindres sujets sait tirer quelque usage,
Et connaît les divers talents.
Il n'est rien d'inutile aux personnes de sens.

Les Animaux malades de la Peste

Un mal qui répand la terreur,
Mal que le Ciel en sa fureur
Inventa pour punir les crimes de la terre,
La peste (puisqu'il faut l'appeler par son nom),
Capable d'enrichir en un jour l'Achéron,
Faisait aux animaux la guerre.
Ils ne mouraient pas tous, mais tous étaient frappés ;
On n'en voyait point d'occupés
À chercher le soutien d'une mourante vie ;
Nul mets n'excitait leur envie,
Ni loups ni renards n'épiaient
La douce et l'innocente proie ;
Les tourterelles se fuyaient :
Plus d'amour, partant plus de joie.

Le lion tint conseil, et dit : « Mes chers amis,
Je crois que le Ciel a permis
Pour nos péchés cette infortune.
Que le plus coupable de nous
Se sacrifie aux traits du céleste courroux ;
Peut-être il obtiendra la guérison commune.
L'histoire nous apprend qu'en de tels accidents
On fait de pareils dévouements.
Ne nous flattons donc point ; voyons sans indulgence
L'état de notre conscience.
Pour moi, satisfaisant mes appétits gloutons,
J'ai dévoré force moutons.
Que m'avaient-ils fait ? Nulle offense ;
Même il m'est arrivé quelquefois de manger
Le berger.
Je me dévouerai donc, s'il le faut : mais je pense
Qu'il est bon que chacun s'accuse ainsi que moi :
Car on doit souhaiter selon toute justice,
Que le plus coupable périsse.

.../...

- Sire, dit le renard, vous êtes trop bon roi ;
Vos scrupules font voir trop de délicatesse.
Et bien ! manger moutons, canaille, sotte espèce,
Est-ce un péché ? Non, non. Vous leur fîtes, Seigneur,
En les croquant beaucoup d'honneur ;
Et quant au berger, l'on peut dire
Qu'il était digne de tous maux,
Étant de ces gens-là qui sur les animaux
Se font un chimérique empire. »
Ainsi dit le renard ; et flatteurs d'applaudir.
On n'osa trop approfondir
Du tigre, ni de l'ours, ni des autres puissances,
Les moins pardonnables offenses :
Tous les gens querelleurs, jusqu'aux simples mâtins,
Au dire de chacun, étaient de petits saints.
L'Âne vint à son tour, et dit : « J'ai souvenance
Qu'en un pré de moines passant,
La faim, l'occasion, l'herbe tendre, et, je pense,
Quelque diable aussi me poussant,
Je tondis de ce pré la largeur de ma langue.
Je n'en avais nul droit, puisqu'il faut parler net. »
À ces mots on cria haro sur le baudet.
Un loup, quelque peu clerc, prouva par sa harangue
Qu'il fallait dévouer ce maudit animal,
Ce pelé, ce galeux, d'où venait tout leur mal.
Sa peccadille fut jugée un cas pendable.
Manger l'herbe d'autrui ! quel crime abominable !
Rien que la mort n'était capable
D'expier son forfait : on le lui fit bien voir.

Selon que vous serez puissant ou misérable,
Les jugements de cour vous rendront blanc ou noir.

L'Ours et les deux Compagnons

Deux compagnons, pressés d'argent,
À leur voisin fourreur vendirent
La peau d'un ours encor vivant,
Mais qu'ils tueraient bientôt, du moins à ce qu'ils dirent.
C'était le roi des ours, au compte de ces gens.
Le marchand à sa peau devait faire fortune ;
Elle garantirait des froids les plus cuisants :
On en pourrait fourrer plutôt deux robes qu'une.
Dindenaut prisait moins ses moutons qu'eux leur ours :
Leur, à leur compte, et non à celui de la bête.
S'offrant de la livrer au plus tard dans deux jours,
Ils conviennent de prix, et se mettent en quête,
Trouvent l'ours qui s'avance, et vient vers eux au trot.
Voilà mes gens frappés comme d'un coup de foudre.
Le marché ne tint pas, il fallut le résoudre :
D'intérêts contre l'ours, on n'en dit pas un mot.
L'un des deux compagnons grimpe au faîte d'un arbre ;
L'autre, plus froid que n'est un marbre,
Se couche sur le nez, fait le mort, tient son vent ;
Ayant quelque part ouï dire
Que l'ours s'acharne peu souvent
Sur un corps qui ne vit, ne meut, ni ne respire.
Seigneur ours, comme un sot, donna dans ce panneau.
Il voit ce corps gisant, le croit privé de vie ;
Et, de peur de supercherie,
Le tourne, le retourne, approche son museau,
Flaire aux passages de l'haleine.
« C'est, dit-il, un cadavre ; ôtons-nous, car il sent. »
À ces mots, l'ours s'en va dans la forêt prochaine.
L'un de nos deux marchands de son arbre descend,
Court à son compagnon, lui dit que c'est merveille
Qu'il n'ait eu seulement que la peur pour tout mal.
« Eh bien ! ajouta-t-il, la peau de l'animal ?
Mais que t'a-t-il dit à l'oreille ?
Car il s'approchait de bien près,
Te retournant avec sa serre.
- Il m'a dit qu'il ne faut jamais.
Vendre la peau de l'ours qu'on ne l'ait mis par terre. »

Copain des Bois

Le Cheval et le Loup

Un certain loup, dans la saison
Que les tièdes zéphyrs ont l'herbe rajeunie,
Et que les animaux quittent tous la maison
Pour s'en aller chercher leur vie,
Un loup, dis-je, au sortir des rigueurs de l'hiver,
Aperçut un cheval qu'on avait mis au vert.
Je laisse à penser quelle joie.
« Bonne chasse, dit-il, qui l'aurait à son croc !
Eh ! que n'es-tu mouton ! car tu me serais hoc,
Au lieu qu'il faut ruser pour avoir cette proie.
Rusons donc. » Ainsi dit, il vient à pas comptés ;
Se dit écolier d'Hippocrate ;
Qu'il connaît les vertus et les propriétés
De tous les simples de ces prés ;
Qu'il sait guérir, sans qu'il se flatte,
Toutes sortes de maux. Si Dom Coursier voulait
Ne point celer sa maladie,
Lui loup gratis le guérirait ;
Car le voir en cette prairie
Paître ainsi sans être lié,
Témoignait quelque mal, selon la médecine.
« J'ai, dit la bête chevaline,
Une apostume sous le pied.
- Mon fils, dit le docteur, il n'est point de partie
Susceptible de tant de maux.
J'ai l'honneur de servir Nosseigneurs les Chevaux,
Et fais aussi la chirurgie. »
Mon galand ne songeait qu'à bien prendre son temps,
Afin de happer son malade.
L'autre, qui s'en doutait, lui lâche une ruade,
Qui vous lui met en marmelade
Les mandibules et les dents.
« C'est bien fait, dit le loup en soi-même fort triste ;
Chacun à son métier doit toujours s'attacher.
Tu veux faire ici l'arboriste,
Et ne fus jamais que boucher. »

Le Lièvre et la Tortue

Rien ne sert de courir ; il faut partir à point :
Le lièvre et la tortue en sont un témoignage.
« Gageons, dit celle-ci, que vous n'atteindrez point
Sitôt que moi ce but. - Sitôt ? Êtes-vous sage ?
Repartit l'animal léger :
Ma commère, il vous faut purger
Avec quatre grains d'ellébore.
- Sage ou non, je parie encore. »
Ainsi fut fait ; et de tous deux
On mit près du but les enjeux :
Savoir quoi, ce n'est pas l'affaire,
Ni de quel juge l'on convint.
Notre lièvre n'avait que quatre pas à faire,
J'entends de ceux qu'il fait lorsque, prêt d'être atteint,
Il s'éloigne des chiens, les renvoie aux Calendes,
Et leur fait arpenter les landes.
Ayant, dis-je, du temps de reste pour brouter,
Pour dormir et pour écouter
D'où vient le vent, il laisse la tortue
Aller son train de sénateur.

Elle part, elle s'évertue,
Elle se hâte avec lenteur.
Lui cependant méprise une telle victoire,
Tient la gageure à peu de gloire,
Croit qu'il y va de son honneur
De partir tard. Il broute, il se repose,
Il s'amuse à toute autre chose
Qu'à la gageure. À la fin quand il vit
Que l'autre touchait presque au bout de la carrière,
Il partit comme un trait ; mais les élans qu'il fit
Furent vains : la tortue arriva la première.
« Eh bien ! lui cria-t-elle, avais-je pas raison ?
De quoi vous sert votre vitesse ?
Moi l'emporter ! et que serait-ce
Si vous portiez une maison ? »

Le Laboureur et ses Enfants

Travaillez, prenez de la peine :
C'est le fonds qui manque le moins.
Un riche laboureur, sentant sa mort prochaine,
Fit venir ses enfants, leur parla sans témoins.
« Gardez-vous, leur dit-il, de vendre l'héritage
Que nous ont laissé nos parents :
Un trésor est caché dedans.
Je ne sais pas l'endroit ; mais un peu de courage
Vous le fera trouver, vous en viendrez à bout.
Remuez votre champ dès qu'on aura fait l'oût :
Creusez, fouiller, bêchez ; ne laissez nulle place
Où la main ne passe et repasse. »
Le père mort, les fils vous retournent le champ,
Deçà, delà, partout : si bien qu'au bout de l'an
Il en rapporta davantage.
D'argent, point de caché. Mais le père fut sage
De leur montrer, avant sa mort
Que le travail est un trésor.

Le Lièvre et la Perdrix

Il ne se faut jamais moquer des misérables,
Car qui peut s'assurer d'être toujours heureux ?
Le sage Ésope dans ses fables
Nous en donne un exemple ou deux.
Celui qu'en ces vers je propose,
Et les siens, ce sont même chose.

Le lièvre et la perdrix, concitoyens d'un champ,
Vivaient dans un état, ce semble, assez tranquille,
Quand une meute s'approchant
Oblige le premier à chercher un asile :
Il s'enfuit dans son fort, met les chiens en défaut,
Sans même en excepter Brifaut.
Enfin il se trahit lui-même
Par les esprits sortants de son corps échauffé.
Miraut, sur leur odeur ayant philosophé,
Conclut que c'est son lièvre, et d'une ardeur extrême
Il le pousse ; et Rustaut, qui n'a jamais menti,
Dit que le lièvre est reparti.
Le pauvre malheureux vient mourir à son gîte.
La perdrix le raille, et lui dit :
« Tu te vantais d'être si vite !
Qu'as-tu fait de tes pieds ? Au moment qu'elle rit,
Son tour vient ; on la trouve. Elle croit que ses ailes
La sauront garantir à toute extrémité ;
Mais la pauvrette avait compté
Sans l'autour aux serres cruelles.

Le Chien à qui on a coupé les oreilles

« Qu'ai-je fait, pour me voir ainsi
Mutilé par mon propre maître ?
Le bel état où me voici !
Devant les autres chiens oserai-je paraître ?
Ô rois des animaux, ou plutôt leurs tyrans,
Qui vous ferait choses pareilles... »
Ainsi criait Mouflar, jeune dogue ; et les gens,
Peu touchés de ses cris douloureux et perçants,
Venaient de lui couper sans pitié les oreilles.
Mouflar y croyait perdre. Il vit avec le temps
Qu'il y gagnait beaucoup ; car, étant de nature
À piller ses pareils, mainte mésaventure
L'aurait fait retourner chez lui
Avec cette partie en cent lieux altérée :
Chien hargneux a toujours l'oreille déchirée.
Le moins qu'on peut laisser de prise aux dents d'autrui,
C'est le mieux. Quand on n'a qu'un endroit à défendre,
On le munit, de peur d'esclandre.
Témoin maître Mouflar armé d'un gorgerin ;
Du reste ayant d'oreille autant que sur ma main :
Un Loup n'eût su par où le prendre.

LA FONTAINE
THE MUSICAL
Je vous aime
Edith
Bravo
MOM

Le Chat et les deux Moineaux

À Monseigneur le Duc de Bourgogne

Un chat, contemporain d'un fort jeune moineau,
Fut logé près de lui dès l'âge du berceau :
La cage et le panier avaient mêmes pénates ;
Le chat était souvent agacé par l'oiseau :
L'un s'escrimait du bec, l'autre jouait des pattes.
Ce dernier toutefois épargnait son ami.
Ne le corrigeant qu'à demi,
Il se fût fait un grand scrupule
D'armer de pointes sa férule.
Le passereau, moins circonspect,
Lui donnait force coups de bec.
En sage et discrète personne,
Maître chat excusait ces jeux :
Entre amis, il ne faut jamais qu'on s'abandonne
Aux traits d'un courroux sérieux.
Comme ils se connaissaient tous deux dès leur bas âge,
Une longue habitude en paix les maintenait ;
Jamais en vrai combat le jeu ne se tournait :
Quand un moineau du voisinage
S'en vint les visiter, et se fit compagnon
Du pétulant Pierrot et du sage Raton ;
Entre les deux oiseaux, il arriva querelle ;
Et Raton de prendre parti :
« Cet inconnu, dit-il, nous la vient donner belle,
D'insulter ainsi notre ami !
Le moineau du voisin viendra manger le nôtre !
Non, de par tous les chats ! » Entrant lors au combat,
Il croque l'étranger. « Vraiment, dit maître chat,
Les moineaux ont un goût exquis et délicat ! »
Cette réflexion fit aussi croquer l'autre.

Quelle morale puis-je inférer de ce fait ?
Sans cela toute fable est un œuvre imparfait.
J'en crois voir quelques traits, mais leur ombre m'abuse.
Prince, vous les aurez incontinent trouvés :
Ce sont des jeux pour vous, et non point pour ma Muse :
Elle et ses sœurs n'ont pas l'esprit que vous avez.

Le Lion et l'Âne chassant

Le roi des animaux se mit un jour en tête
De giboyer : il célébroit sa fête.
Le gibier du lion, ce ne sont pas moineaux,
Mais beaux et bons sangliers, daims et cerfs bons et beaux.
Pour réussir dans cette affaire,
Il se servit du ministère
De l'âne à la voix de Stentor.
L'âne à messer lion fit office de cor.
Le lion le posta, le couvrit de ramée,
Lui commanda de braire, assuré qu'à ce son
Les moins intimidés fuiraient de leur maison.
Leur troupe n'était pas encore accoutumée
À la tempête de sa voix ;
L'air en retentissait d'un bruit épouvantable :
La frayeur saisissait les hôtes de ces bois ,
Tous fuyaient, tous tombaient au piège inévitable
Où les attendait le lion.
« N'ai-je pas bien servi dans cette occasion ?
Dit l'âne, en se donnant tout l'honneur de la chasse.
- Oui, reprit le lion, c'est bravement crié :
Si je connaissais ta personne et ta race,
J'en serais moi-même effrayé. »
L'âne, s'il eût osé, se fût mis en colère,
Encor qu'on le raillât avec juste raison ;
Car qui pourrait souffrir un âne fanfaron ?
Ce n'est pas là leur caractère.

Le Chameau et les Bâtons flottants

Le premier qui vit un chameau
S'enfuit à cet objet nouveau ;
Le second approcha ; le troisième osa faire
Un licou pour le dromadaire.
L'accoutumance ainsi nous rend tout familier :
Ce qui nous paraissait terrible et singulier
S'apprivoise avec notre vue
Quand ce vient à la continue.
Et puisque nous voici tombés sur ce sujet,
On avait mis des gens au guet,
Qui voyant sur les eaux de loin certain objet,
Ne purent s'empêcher de dire
Que c'était un puissant navire.
Quelques moments après, l'objet devient brûlot,
Et puis nacelle, et puis ballot,
Enfin bâtons flottants sur l'onde.

J'en sais beaucoup de par le monde
À qui ceci conviendrait bien :
De loin, c'est quelque chose ; et de près, ce n'est rien.

Le Rat et l'Éléphant

Se croire un personnage est fort commun en France :
On y fait l'homme d'importance,
Et l'on n'est souvent qu'un bourgeois,
C'est proprement le mal françois :
La sotte vanité nous est particulière.
Les Espagnols sont vains, mais d'une autre manière :
Leur orgueil me semble, en un mot
Beaucoup plus fou, mais pas si sot.
Donnons quelque image du nôtre,
Qui sans doute en vaut bien un autre.
Un rat des plus petits voyait un éléphant
Des plus gros, et raillait le marcher un peu lent
De la bête de haut parage,
Qui marchait à gros équipage.
Sur l'animal à triple étage
Une sultane de renom,
Son chien, son chat et sa guenon,
Son perroquet, sa vieille, et toute sa maison,
S'en allait en pèlerinage.
Le rat s'étonnait que les gens
Fussent touchés de voir cette pesante masse :
« Comme si d'occuper ou plus ou moins de place
Nous rendait, disait-il, plus ou moins importants !
Mais qu'admirez-vous tant en lui, vous autres hommes ?
Serait-ce ce grand corps qui fait peur aux enfants ?
Nous ne nous prisons pas, tout petits que nous sommes,
D'un grain moins que les éléphants. »
Il en aurait dit davantage ;
Mais le chat, sortant de sa cage,
Lui fit voir, en moins d'un instant,
Qu'un rat n'est pas un Eléphant.

L'Âne portant des reliques

Un baudet, chargé de reliques
S'imagina qu'on l'adorait :
Dans ce penser il se carrait,
Recevant comme siens l'encens et les cantiques.
Quelqu'un vit l'erreur, et lui dit :
« Maître baudet, ôtez-vous de l'esprit
Une vanité si folle.
Ce n'est pas vous, c'est l'idole,
À qui cet honneur se rend,
Et que la gloire en est due. »

D'un magistrat ignorant
C'est la robe qu'on salue.

Le Renard, les Mouches et le Hérisson

Aux traces de son sang, un vieux hôte des bois,
Renard fin, subtil et matois ;
Blessé par des chasseurs, et tombé dans la fange,
Autrefois attira ce parasite ailé
Que nous avons mouche appelé.
Il accusait les dieux, et trouvait fort étrange
Que le sort à tel point le voulût affliger,
Et le fît aux mouches manger.
« Quoi ! se jeter sur moi, sur moi le plus habile
De tous les hôtes des forêts !
Depuis quand les renards sont-ils un si bon mets ?
Et que me sert ma queue ? Est-ce un poids inutile ?
Va, le ciel te confonde, animal importun !
Que ne vis-tu sur le commun ! »
Un hérisson du voisinage,
Dans mes vers nouveau personnage,
Voulut le délivrer de l'importunité
Du peuple plein d'avidité :
« Je les vais de mes dards enfiler par centaines,
Voisin renard, dit-il, et terminer tes peines.
- Garde-t'en bien, dit l'autre, ami, ne le fais pas :
Laisse-les, je te prie, achever leur repas.
Ces animaux sont soûls ; une troupe nouvelle
Viendrait fondre sur moi, plus âpre et plus cruelle. »

Nous ne trouvons que trop de mangeurs ici-bas :
Ceux-ci sont courtisans, ceux-là sont magistrats.
Aristote appliquait cet apologue aux hommes.
Les exemples en sont communs,
Surtout au pays où nous sommes.
Plus telles gens sont pleins, moins ils sont importuns.

Le Chien qui lâche sa proie pour l'ombre

Chacun se trompe ici-bas :
On voit courir après l'ombre
Tant de fous qu'on n'en sait pas
La plupart du temps le nombre.
Au chien dont parle Ésope il faut les renvoyer.
Ce chien, voyant sa proie en l'eau représentée,
La quitta pour l'image, et pensa se noyer
La rivière devint tout d'un coup agitée ;
À toute peine il regagna les bords,
Et n'eut ni l'ombre ni le corps.

Le Singe et le Léopard

Le singe avec le léopard
Gagnaient de l'argent à la foire.
Ils affichaient chacun à part.
L'un d'eux disait : « Messieurs, mon mérite et ma gloire
Sont connus en bon lieu. Le roi m'a voulu voir ;
Et, si je meurs, il veut avoir
Un manchon de ma peau : tant elle est bigarrée,
Pleine de taches, marquetée,
Et vergetée, et mouchetée ! »
La bigarrure plaît. Partant chacun le vit.
Mais ce fut bientôt fait ; bientôt chacun sortit.
Le singe, de sa part, disait : « Venez, de grâce ;
Venez, Messieurs, je fais cent tours de passe-passe,
Cette diversité dont on vous parle tant,
Mon voisin léopard l'a sur soi seulement ;
Moi, je l'ai dans l'esprit. Votre serviteur Gille,
Cousin et gendre de Bertrand,
Singe du Pape en son vivant,
Tout fraîchement en cette ville
Arrive en trois bateaux, exprès pour vous parler ;
Car il parle, on l'entend : il sait danser, baller,
Faire des tours de toute sorte,
Passer en des cerceaux ; et le tout pour six blancs :
Non, Messieurs, pour un sou ; si vous n'êtes contents
Nous rendrons à chacun son argent à la porte. »

Le singe avait raison. Ce n'est pas sur l'habit
Que la diversité me plaît ; c'est dans l'esprit :
L'une fournit toujours des choses agréables ;
L'autre, en moins d'un moment, lasse les regardants.

Oh ! que de grands seigneurs, au léopard semblables,
N'ont que l'habit pour tous talents !

GIL
MAGICIE
JONGLEU
5 blcs

Le Rat et l'Huître

Un rat, hôte d'un champ, rat de peu de cervelle,
Des lares paternels un jour se trouva soûl.
Il laisse là le champ, le grain, et la javelle,
Va courir le pays, abandonne son trou.
Sitôt qu'il fut hors de la case :
« Que le monde, dit-il, est grand et spacieux !
Voilà les Apennins, et voici le Caucase. »
La moindre taupinée était mont à ses yeux.
Au bout de quelques jours, le voyageur arrive
En un certain canton où Théthys sur la rive
Avait laissé mainte huître : et notre rat d'abord
Crut voir, en les voyant, des vaisseaux de haut bord.
« Certes, dit-il, mon père était un pauvre sire.
Il n'osait voyager, craintif au dernier point.
Pour moi, j'ai déjà vu le maritime empire ;
J'ai passé les déserts, mais nous n'y bûmes point. »
D'un certain magister le rat tenait ces choses,
Et les disait à travers champs,
N'étant pas de ces rats qui, les livres rongeants,
Se font savants jusques aux dents.
Parmi tant d'huîtres toutes closes,
Une s'était ouverte, et, bâillant au soleil,
Par un doux zéphir réjouie,
Humait l'air, respirait, était épanouie,
Blanche, grasse, et d'un goût, à la voir, nompareil.
D'aussi loin que le rat voit cette huître qui bâille :
« Qu'aperçois-je ? dit-il, c'est quelque victuaille ;
Et, si je ne me trompe à la couleur du mets,
Je dois faire aujourd'hui bonne chère, ou jamais. »
Là-dessus, maître rat plein de belle espérance,
Approche de l'écaille, allonge un peu le cou,
Se sent pris comme aux lacs, car l'huître tout d'un coup
Se referme : et voilà ce que fait l'ignorance.

Cette fable contient plus d'un enseignement :
Nous y voyons premièrement
Que ceux qui n'ont du monde aucune expérience
Sont, aux moindres objets, frappés d'étonnement.
Et puis nous y pouvons apprendre
Que tel est pris qui croyait prendre.

Le Cochon, la Chèvre et le Mouton

Une chèvre, un mouton, avec un cochon gras,
Montés sur même char, s'en allaient à la foire.
Leur divertissement ne les y portait pas ;
On s'en allait les vendre, à ce que dit l'histoire.
Le charton n'avait pas dessein
De les mener voir Tabarin.
Dom pourceau criait en chemin
Comme s'il avait eu cent bouchers à ses trousses :
C'était une clameur à rendre les gens sourds.
Les autres animaux, créatures plus douces,
Bonnes gens, s'étonnaient qu'il criât au secours :
Ils ne voyaient nul mal à craindre.
Le charton dit au porc : « Qu'as-tu tant à te plaindre ?
Tu nous étourdis tous : que ne te tiens-tu coi ?
Ces deux personnes-ci, plus honnêtes que toi,
Devraient t'apprendre à vivre, ou du moins à te taire :
Regarde ce mouton ; a-t-il dit un seul mot ?
Il est sage. - Il est un sot,
Repartit le cochon : s'il savait son affaire,
Il crierait comme moi, du haut de son gosier ;
Et cette autre personne honnête
Crierait tout du haut de sa tête.
Ils pensent qu'on les veut seulement décharger,
La chèvre de son lait, le mouton de sa laine :
Je ne sais pas s'ils ont raison ;
Mais quant à moi, qui ne suis bon
Qu'à manger, ma mort est certaine.
Adieu mon toit et ma maison. »

Dom pourceau raisonnait en subtil personnage :
Mais que lui servait-il ? Quand le mal est certain,
La plainte ni la peur ne changent le destin ;
Et le moins prévoyant est toujours le plus sage.

L'Âne et le Chien

Il se faut entr'aider, c'est la loi de nature.
L'âne un jour pourtant s'en moqua :
Et ne sais comme il y manqua ;
Car il est bonne créature.
Il allait par pays, accompagné du chien,
Gravement, sans songer à rien,
Tous deux suivis d'un commun maître,
Ce maître s'endormit : l'âne se mit à paître.
Il était alors dans un pré
Dont l'herbe était fort à son gré.
Point de chardons pourtant ; il s'en passa pour l'heure.
Il ne faut pas toujours être si délicat,
Et faute de servir ce plat,
Rarement un festin demeure.
Notre baudet s'en sut enfin
Passer pour cette fois. Le chien, mourant de faim,
Lui dit : « Cher compagnon, baisse-toi, je te prie :
Je prendrai mon dîné dans le panier au pain. »
Point de réponse, mot : le roussin d'Arcadie
Craignit qu'en perdant un moment
Il ne perdît un coup de dent.
Il fit longtemps la sourde oreille :
Enfin il répondit : « Ami, je te conseille
D'attendre que ton maître ait fini son sommeil,
Car il te donnera, sans faute, à son réveil,
Ta portion accoutumée :
Il ne saurait tarder beaucoup. »
Sur ces entrefaites, un loup
Sort du bois, et s'en vient : autre bête affamée.
L'âne appelle aussitôt le chien à son secours.
Le chien ne bouge, et dit : « Ami, je te conseille
De fuir, en attendant que ton maître s'éveille ;
Il ne saurait tarder ; détale vite, et cours.
Que si ce loup t'atteint, casse-lui la mâchoire :
On t'a ferré de neuf ; et, si tu me veux croire,
Tu l'étendras tout plat. » Pendant ce beau discours,
Seigneur loup étrangla le baudet sans remède.

Je conclus qu'il faut qu'on s'entr'aide.

Les deux Chèvres

Dès que les chèvres ont brouté,
Certain esprit de liberté
Leur fait chercher fortune : elles vont en voyage
Vers les endroits du pâturage
Les moins fréquentés des humains :
Là, s'il est quelque lieu sans route et sans chemins,
Un rocher, quelque mont pendant en précipices,
C'est où ces dames vont promener leurs caprices.
Rien ne peut arrêter cet animal grimpant.
Deux chèvres donc s'émancipant,
Toutes deux ayant patte blanche,
Quittèrent les bas prés, chacune de sa part.
L'une vers l'autre allait pour quelque bon hasard.
Un ruisseau se rencontre, et pour pont une planche.
Deux belettes à peine auraient passé de front
Sur ce pont.
D'ailleurs, l'onde rapide et le ruisseau profond
Devaient faire trembler de peur ces amazones.
Malgré tant de dangers, l'une de ces personnes
Pose un pied sur la planche, et l'autre en fait autant.
Je m'imagine voir, avec Louis le Grand,
Philippe Quatre qui s'avance
Dans l'île de la Conférence.
Ainsi s'avançaient pas à pas,
Nez à nez, nos aventurières,
Qui, toutes deux étant fort fières,
Vers le milieu du pont ne se voulurent pas
L'une à l'autre céder. Elles avaient la gloire
De compter dans leur race, à ce que dit l'histoire,
L'une, certaine chèvre, au mérite sans pair,
Dont Polyphème fit présent à Galatée ;
Et l'autre, la chèvre Amalthée,
Par qui fut nourri Jupiter.
Faute de reculer, leur chute fut commune.
Toutes deux tombèrent dans l'eau.

Cet accident n'est pas nouveau
Dans le chemin de la Fortune.

Le petit Poisson et le Pêcheur

Petit poisson deviendra grand,
Pourvu que Dieu lui prête vie ;
Mais le lâcher en attendant,
Je tiens pour moi que c'est folie :
Car de le rattraper il n'est pas trop certain.

Un carpeau, qui n'était encore que fretin,
Fut pris par un pêcheur au bord d'une rivière.
« Tout fait nombre, dit l'homme en voyant son butin ;
Voilà commencement de chère et de festin :
Mettons-le en notre gibecière. »
Le pauvre carpillon lui dit en sa manière :
« Que ferez-vous de moi ? je ne saurais fournir
Au plus qu'une demi-bouchée.
Laissez-moi carpe devenir :
Je serai par vous repêchée ;
Quelque gros partisan m'achètera bien cher :
Au lieu qu'il vous en faut chercher
Peut-être encor cent de ma taille
Pour faire un plat : quel plat ? croyez-moi, rien qui vaille.
- Rien qui vaille ? Eh bien ! soit, repartit le pêcheur :
Poisson, mon bel ami, qui faites le prêcheur,
Vous irez dans la poêle ; et vous avez beau dire,
Dès ce soir on vous fera frire. »

Un Tiens vaut, ce dit-on, mieux que deux tu l'auras :
L'un est sûr, l'autre ne l'est pas.

Le Lion et le Moucheron

« Va-t'en, chétif insecte, excrément de la terre ! »
C'est en ces mots que le lion
Parlait un jour au moucheron.
L'autre lui déclara la guerre.
« Penses-tu, lui dit-il, que ton titre de roi
Me fasse peur ni me soucie ?
Un bœuf est plus puissant que toi :
Je le mène à ma fantaisie. »
À peine il achevait ces mots,
Que lui-même il sonna la charge,
Fut le trompette et le héros.
Dans l'abord il se met au large ;
Puis prend son temps, fond sur le cou
Du lion, qu'il rend presque fou.
Le quadrupède écume, et son œil étincelle ;
Il rugit ; on se cache, on tremble à l'environ :
Et cette alarme universelle
Est l'ouvrage d'un moucheron.
Un avorton de mouche en cent lieux le harcelle :
Tantôt pique l'échine, et tantôt le museau,
Tantôt entre au fond du naseau.
La rage alors se trouve à son faîte montée.
L'invisible ennemi triomphe, et rit de voir
Qu'il n'est griffe ni dent en la bête irritée
Qui de la mettre en sang ne fasse son devoir.
Le malheureux lion se déchire lui-même,
Fait résonner sa queue à l'entour de ses flancs,
Bat l'air, qui n'en peut mais, et sa fureur extrême
Le fatigue, l'abat : le voilà sur les dents.
L'insecte du combat se retire avec gloire :
Comme il sonna la charge, il sonne la victoire,
Va partout l'annoncer, et rencontre en chemin
L'embuscade d'une araignée ;
Il y rencontre aussi sa fin.

Quelle chose par là nous peut être enseignée ?
J'en vois deux, dont l'une est qu'entre nos ennemis
Les plus à craindre sont souvent les plus petits ;
L'autre, qu'aux grands périls tel a pu se soustraire,
Qui périt pour la moindre affaire.

Les deux Taureaux et une Grenouille

Deux taureaux combattaient à qui posséderait
Une génisse avec l'empire.
Une grenouille en soupirait.
« Qu'avez-vous ? » se mit à lui dire
Quelqu'un du peuple croassant.
- Eh ! ne voyez-vous pas, dit-elle,
Que la fin de cette querelle
Sera l'exil de l'un ; que l'autre, le chassant,
Le fera renoncer aux campagnes fleuries ?
Il ne régnera plus sur l'herbe des prairies,
Viendra dans nos marais régner sur les roseaux ;
Et nous foulant aux pieds jusques au fond des eaux,
Tantôt l'une, et puis l'autre, il faudra qu'on pâtisse
Du combat qu'a causé Madame la génisse. »
Cette crainte était de bon sens.
L'un des taureaux en leur demeure
S'alla cacher, à leurs dépens :
Il en écrasait vingt par heure.

Hélas ! on voit que de tout temps
Les petits ont pâti des sottises des grands.

Le Cerf se voyant dans l'eau

Dans le cristal d'une fontaine
Un cerf se mirant autrefois
Louait la beauté de son bois,
Et ne pouvait qu'avecque peine,
Souffrir ses jambes de fuseaux,
Dont il voyait l'objet se perdre dans les eaux.
« Quelle proportion de mes pieds à ma tête ?
Disait-il en voyant leur ombre avec douleur :
Des taillis les plus hauts mon front atteint le faîte ;
Mes pieds ne me font point d'honneur. »
Tout en parlant de la sorte,
Un limier le fait partir.
Il tâche à se garantir ;
Dans les forêts il s'emporte.
Son bois, dommageable ornement,
L'arrêtant à chaque moment,
Nuit à l'office que lui rendent
Ses pieds, de qui ses jours dépendent.
Il se dédit alors, et maudit les présents
Que le ciel lui fait tous les ans.

Nous faisons cas du beau, nous méprisons l'utile ;
Et le beau souvent nous détruit.
Ce cerf blâme ses pieds, qui le rendent agile ;
Il estime un bois qui lui nuit.

La Laitière et le Pot au lait

Perrette, sur sa tête ayant un pot au lait
Bien posé sur un coussinet,
Prétendait arriver sans encombre à la ville.
Légère et court vêtue, elle allait à grands pas,
Ayant mis ce jour-là, pour être plus agile,
Cotillon simple et souliers plats.
Notre laitière ainsi troussée
Comptait déjà dans sa pensée
Tout le prix de son lait, en employait l'argent ;
Achetait un cent d'œufs, faisait triple couvée :
La chose allait à bien par son soin diligent.
« Il m'est, disait-elle, facile
D'élever des poulets autour de ma maison ;
Le renard sera bien habile
S'il ne m'en laisse assez pour avoir un cochon.
Le porc à s'engraisser coûtera peu de son ;
Il était, quand je l'eus, de grosseur raisonnable :
J'aurai, le revendant, de l'argent bel et bon.
Et qui m'empêchera de mettre en notre étable,
Vu le prix dont il est, une vache et son veau,
Que je verrai sauter au milieu du troupeau ? »
Perrette là-dessus saute aussi, transportée :
Le lait tombe ; adieu veau, vache, cochon, couvée.
La dame de ces biens, quittant d'un œil marri
Sa fortune ainsi répandue,
Va s'excuser à son mari.
En grand danger d'être battue.
Le récit en farce en fut fait ;
On l'appela le *Pot au lait*.

…/…

Quel esprit ne bat la campagne ?
Qui ne fait châteaux en Espagne ?
Picrochole, Pyrrhus, la laitière, enfin tous,
Autant les sages que les fous.
Chacun songe en veillant ; il n'est rien de plus doux :
Une flatteuse erreur emporte alors nos âmes ;
Tout le bien du monde est à nous,
Tous les honneurs, toutes les femmes.
Quand je suis seul, je fais au plus brave un défi ;
Je m'écarte, je vais détrôner le Sophi ;
On m'élit roi, mon peuple m'aime ;
Les diadèmes vont sur ma tête pleuvant :
Quelque accident fait-il que je rentre en moi-même,
Je suis Gros Jean comme devant.

La Lionne et l'Ourse

Mère lionne avait perdu son faon :
Un chasseur l'avait pris. La pauvre infortunée
Poussait un tel rugissement
Que toute la forêt était importunée.
La nuit ni son obscurité,
Son silence et ses autres charmes,
De la reine des bois n'arrêtait les vacarmes :
Nul animal n'était du sommeil visité.
L'ourse enfin lui dit : « Ma commère,
Un mot sans plus : tous les enfants
Qui sont passés entre vos dents
N'avaient-ils ni père ni mère ?
- Ils en avaient. - S'il est ainsi,
Et qu'aucun de leur mort n'ait nos têtes rompues,
Si tant de mères se sont tues,
Que ne vous taisez-vous aussi ?
- Moi me taire ! moi, malheureuse ?
Ah ! j'ai perdu mon fils ! Il me faudra traîner
Une vieillesse douloureuse !
- Dites-moi, qui vous force à vous y condamner ?
- Hélas ! c'est le destin qui me hait. » Ces paroles
Ont été de tout temps en la bouche de tous.

Misérables humains, ceci s'adresse à vous.
Je n'entends résonner que des plaintes frivoles.
Quiconque, en pareil cas, se croit haï des cieux,
Qu'il considère Hécube, il rendra grâce aux dieux.

Le Fou qui vend la sagesse

Jamais auprès des fous ne te mets à portée :
Je ne te puis donner un plus sage conseil.
Il n'est enseignement pareil
À celui-là de fuir une tête éventée.
On en voit souvent dans les cours :
Le prince y prend plaisir ; car ils donnent toujours
Quelque trait aux fripons, aux sots, aux ridicules.

Un fol allait criant par tous les carrefours
Qu'il vendait la sagesse, et les mortels crédules
De courir à l'achat ; chacun fut diligent.
On essuyait force grimaces ;
Puis on avait pour son argent,
Avec un bon soufflet, un fil long de deux brasses.
La plupart s'en fâchaient ; mais que leur servait-il ?
C'étaient les plus moqués : le mieux était de rire,
Ou de s'en aller, sans rien dire,
Avec son soufflet et son fil.
De chercher du sens à la chose,
On se fût fait siffler ainsi qu'un ignorant.
La raison est-elle garant
De ce que fait un fou ? le hasard est la cause
De tout ce qui se passe en un cerveau blessé.
Du fil et du soufflet pourtant embarrassé,
Un des dupes un jour alla trouver un sage,
Qui, sans hésiter davantage,
Lui dit : « Ce sont ici hiéroglyphes tout purs.
Les gens bien conseillés, et qui voudront bien faire,
Entre eux et les gens fous mettront, pour l'ordinaire,
La longueur de ce fil ; sinon je les tiens sûrs
De quelque semblable caresse.
Vous n'êtes point trompé : ce fou vend la sagesse. »

La Tortue et les deux Canards

Une tortue était, à la tête légère,
Qui, lasse de son trou, voulut voir le pays.
Volontiers on fait cas d'une terre étrangère ;
Volontiers gens boiteux haïssent le logis.
Deux canards, à qui la commère
Communiqua ce beau dessein,
Lui dirent qu'ils avaient de quoi la satisfaire.
« Voyez-vous ce large chemin ?
Nous vous voiturerons, par l'air, en Amérique :
Vous verrez mainte république,
Maint royaume, maint peuple ; et vous profiterez
Des différentes mœurs que vous remarquerez.
Ulysse en fit autant. » On ne s'attendait guère
De voir Ulysse en cette affaire.
La tortue écouta la proposition.
Marché fait, les oiseaux forgent une machine
Pour transporter la pèlerine.
Dans la gueule, en travers, on lui passe un bâton.
« Serrez bien, dirent-ils, gardez de lâcher prise. »
Puis chaque canard prend ce bâton par un bout.
La tortue enlevée, on s'étonne partout
De voir aller en cette guise
L'animal lent et sa maison,
Justement au milieu de l'un et l'autre oison.
« Miracle ! criait-on : venez voir dans les nues
Passer la reine des tortues.
- La reine ! vraiment oui : je la suis en effet,
Ne vous en moquez point. » Elle eût beaucoup mieux fait
De passer son chemin sans dire aucune chose ;
Car, lâchant le bâton en desserrant les dents,
Elle tombe, elle crève aux pieds des regardants.
Son indiscrétion de sa perte fut cause.

Imprudence, babil, et sotte vanité,
Et vaine curiosité,
Ont ensemble étroit parentage.
Ce sont enfants tous d'un lignage.

La Forêt et le Bûcheron

Un bûcheron venait de rompre ou d'égarer
Le bois dont il avait emmanché sa cognée.
Cette perte ne put sitôt se réparer
Que la forêt n'en fût quelque temps épargnée.
L'homme enfin la prie humblement
De lui laisser tout doucement
Emporter une unique branche,
Afin de faire un autre manche :
« Il irait employer ailleurs son gagne-pain ;
Il laisserait debout maint chêne et maint sapin
Dont chacun respectait la vieillesse et les charmes. »
L'innocente forêt lui fournit d'autres armes.
Elle en eut du regret. Il emmanche son fer :
Le misérable ne s'en sert
Qu'à dépouiller sa bienfaitrice
De ses principaux ornements.
Elle gémit à tous moments :
Son propre don fait son supplice.

Voilà le train du monde et de ses sectateurs :
On s'y sert du bienfait contre les bienfaiteurs.
Je suis las d'en parler. Mais que de doux ombrages
Soient exposés à ces outrages,
Qui ne se plaindrait là-dessus !
Hélas ! j'ai beau crier et me rendre incommode,
L'ingratitude et les abus
N'en seront pas moins à la mode.

L'Aigle et la Pie

L'aigle, reine des airs, avec Margot la pie,
Différentes d'humeur, de langage, et d'esprit,
Et d'habit,
Traversaient un bout de prairie.
Le hasard les assemble en un coin détourné.
L'agasse eut peur ; mais l'aigle, ayant fort bien dîné,
La rassure, et lui dit : « Allons de compagnie ;
Si le maître des dieux assez souvent s'ennuie,
Lui qui gouverne l'univers,
J'en puis bien faire autant, moi qu'on sait qui le sers.
Entretenez-moi donc, et sans cérémonie. »
Caquet-bon-bec alors de jaser au plus dru,
Sur ceci, sur cela, sur tout. L'homme d'Horace,
Disant le bien, le mal, à travers champs, n'eût su
Ce qu'en fait de babil y savait notre agasse.
Elle offre d'avertir de tout ce qui se passe,
Sautant, allant de place en place,
Bon espion, Dieu sait. Son offre ayant déplu,
L'aigle lui dit tout en colère :
« Ne quittez point votre séjour,
Caquet-bon-bec, ma mie ; adieu ; je n'ai que faire
D'une babillarde à ma cour :
C'est un fort méchant caractère. »
Margot ne demandait pas mieux.

Ce n'est pas ce qu'on croit que d'entrer chez les dieux :
Cet honneur a souvent de mortelles angoisses,
Rediseurs, espions, gens à l'air gracieux,
Au cœur tout différent, s'y rendent odieux :
Quoique ainsi que la pie il faille dans ces lieux
Porter habit de deux paroisses.

La Poule aux œufs d'or

L'avarice perd tout en voulant tout gagner.
Je ne veux, pour le témoigner,
Que celui dont la poule, à ce que dit la fable,
Pondait tous les jours un œuf d'or.
Il crut que dans son corps elle avait un trésor :
Il la tua, l'ouvrit, et la trouva semblable
À celles dont les œufs ne lui rapportaient rien,
S'étant lui-même ôté le plus beau de son bien.

Belle leçon pour les gens chiches !
Pendant ces derniers temps, combien en a-t-on vus,
Qui du soir au matin sont pauvres devenus,
Pour vouloir trop tôt être riches !

POULE
AUX OEUFS D'OR

L'Âne et le petit Chien

Ne forçons point notre talent,
Nous ne ferions rien avec grâce :
Jamais un lourdaud, quoi qu'il fasse,
Ne saurait passer pour galant.
Peu de gens, que le ciel chérit et gratifie,
Ont le don d'agréer infus avec la vie.
C'est un point qu'il leur faut laisser,
Et ne pas ressembler à l'âne de la fable,
Qui, pour se rendre plus aimable
Et plus cher à son maître, alla le caresser.
« Comment ? disait-il en son âme,
Ce chien, parce qu'il est mignon,
Vivra de pair à compagnon
Avec Monsieur, avec Madame ;
Et j'aurai des coups de bâton ?
Que fait-il ? il donne la patte ;
Puis aussitôt il est baisé :
S'il en faut faire autant afin que l'on me flatte,
Cela n'est pas bien malaisé. »
Dans cette admirable pensée,
Voyant son maître en joie, il s'en vient lourdement,
Lève une corne toute usée,
La lui porte au menton fort amoureusement,
Non sans accompagner, pour plus grand ornement,
De son chant gracieux cette action hardie.
« Oh ! oh ! quelle caresse ! et quelle mélodie !
Dit le maître aussitôt. Holà, Martin-bâton ! »
Martin-bâton accourt ; l'âne change de ton.
Ainsi finit la comédie.

Le Coq et le Renard

Sur la branche d'un arbre était en sentinelle
Un vieux coq adroit et matois.
« Frère, dit un renard, adoucissant sa voix,
Nous ne sommes plus en querelle :
Paix générale cette fois.
Je viens te l'annoncer ; descends, que je t'embrasse.
Ne me retarde point, de grâce ;
Je dois faire aujourd'hui vingt postes sans manquer.
Les tiens et toi pouvez vaquer,
Sans nulle crainte, à vos affaires ;
Nous vous y servirons en frères.
Faites-en les feux dès ce soir,
Et cependant viens recevoir
Le baiser d'amour fraternelle.
- Ami, reprit le coq, je ne pouvais jamais
Apprendre une plus douce et meilleur nouvelle
Que celle
De cette paix ;
Et ce m'est une double joie
De la tenir de toi. Je vois deux lévriers,
Qui, je m'assure, sont courriers
Que pour ce sujet on envoie :
Ils vont vite, et seront dans un moment à nous.
Je descends : nous pourrons nous entre-baiser tous.
- Adieu, dit le renard, ma traite est longue à faire,
Nous nous réjouirons du succès de l'affaire
Une autre fois. » Le galand aussitôt
Tire ses grègues, gagne au haut,
Et notre vieux coq en soi-même
Se mit à rire de sa peur ;
Car c'est double plaisir de tromper le trompeur.

Le Renard et le Bouc

Capitaine renard allait de compagnie
Avec son ami bouc des plus haut encornés :
Celui-ci ne voyait pas plus loin que son nez ;
L'autre était passé maître en fait de tromperie.
La soif les obligea de descendre en un puits :
 Là chacun d'eux se désaltère.
Après qu'abondamment tous deux en eurent pris,
Le renard dit au bouc : « Que ferons-nous, compère ?
Ce n'est pas tout de boire, il faut sortir d'ici.
Lève tes pieds en haut, et tes cornes aussi ;
Mets-les contre le mur : le long de ton échine
 Je grimperai premièrement ;
 Puis sur tes cornes m'élevant,
 À l'aide de cette machine,
 De ce lieu-ci je sortirai,
 Après quoi je t'en tirerai.
- Par ma barbe, dit l'autre, il est bon ; et je loue
 Les gens bien sensés comme toi.
 Je n'aurais jamais, quant à moi,
 Trouvé ce secret, je l'avoue. »
Le renard sort du puits, laisse son compagnon,
 Et vous lui fait un beau sermon
 Pour l'exhorter à patience.
« Si le ciel t'eût, dit-il, donné par excellence
Autant de jugement que de barbe au menton,
 Tu n'aurais pas, à la légère,
Descendu dans ce puits. Or, adieu : j'en suis hors ;
Tâche de t'en tirer, et fais tous tes efforts ;
 Car, pour moi, j'ai certaine affaire
Qui ne me permet pas d'arrêter en chemin. »

En toute chose il faut considérer la fin.

COCO
RICO
JDLF

Les deux Coqs

Deux coqs vivaient en paix : une poule survint,
Et voilà la guerre allumée.
Amour, tu perdis Troie ; et c'est de toi que vint
Cette querelle envenimée
Où du sang des dieux même on vit le Xanthe teint !
Longtemps entre nos coqs le combat se maintint.
Le bruit s'en répandit par tout le voisinage :
La gent qui porte crête au spectacle accourut ;
Plus d'une Hélène au beau plumage
Fut le prix du vainqueur. Le vaincu disparut :
Il alla se cacher au fond de sa retraite,
Pleura sa gloire et ses amours,
Ses amours qu'un rival, tout fier de sa défaite,
Possédait, à ses yeux. Il voyait tous les jours
Cet objet rallumer sa haine et son courage ;
Il aiguisait son bec, battait l'air et ses flancs,
Et, s'exerçant contre les vents,
S'armait d'une jalouse rage.
Il n'en eut pas besoin. Son vainqueur sur les toits
S'alla percher, et chanter sa victoire.
Un vautour entendit sa voix :
Adieu les amours et la gloire ;
Tout cet orgueil périt sous l'ongle du vautour.
Enfin, par un fatal retour,
Son rival autour de la poule
S'en revint faire le coquet :
Je laisse à penser quel caquet,
Car il eut des femmes en foule.

La fortune se plaît à faire de ces coups :
Tout vainqueur insolent à sa perte travaille.
Défions-nous du sort, et prenons garde à nous
Après le gain d'une bataille.

L'Hirondelle et les petits Oiseaux

Une hirondelle en ses voyages
Avait beaucoup appris. Quiconque a beaucoup vu
Peut avoir beaucoup retenu.
Celle-ci prévoyait jusqu'aux moindres orages,
Et devant qu'ils fussent éclos,
Les annonçait aux matelots.
Il arriva qu'au temps que la chanvre se sème,
Elle vit un manant en couvrir maints sillons.
« Ceci ne me plaît pas, dit-elle aux oisillons :
Je vous plains ; car pour moi, dans ce péril extrême,
Je saurai m'éloigner, ou vivre en quelque coin.
Voyez-vous cette main qui par les airs chemine ?
Un jour viendra, qui n'est pas loin,
Que ce qu'elle répand sera votre ruine.
De là naîtront engins à vous envelopper,
Et lacets pour vous attraper,
Enfin mainte et mainte machine
Qui causera dans la saison
Votre mort ou votre prison :
Gare la cage ou le chaudron !
C'est pourquoi, leur dit l'hirondelle,
Mangez ce grain; et croyez-moi. »
Les oiseaux se moquèrent d'elle :
Ils trouvaient aux champs trop de quoi.
Quand la chènevière fut verte,
L'hirondelle leur dit : « Arrachez brin à brin
Ce qu'a produit ce maudit grain,
Ou soyez sûrs de votre perte.
- Prophète de malheur, babillarde, dit-on,
Le bel emploi que tu nous donnes !
Il nous faudrait mille personnes
Pour éplucher tout ce canton. »

.../...

La chanvre étant tout à fait crue,
L'hirondelle ajouta : « Ceci ne va pas bien ;
Mauvaise graine est tôt venue.
Mais puisque jusqu'ici l'on ne m'a crue en rien,
Dès que vous verrez que la terre
Sera couverte, et qu'à leurs blés
Les gens n'étant plus occupés
Feront aux oisillons la guerre ;
Quand reginglettes et réseaux
Attraperont petits oiseaux,
Ne volez plus de place en place,
Demeurez au logis, ou changez de climat
Imitez le canard, la grue, et la bécasse.
Mais vous n'êtes pas en état
De passer, comme nous, les déserts et les ondes,
Ni d'aller chercher d'autres mondes ;
C'est pourquoi vous n'avez qu'un parti qui soit sûr,
C'est de vous renfermer aux trous de quelque mur. »
Les oisillons, las de l'entendre,
Se mirent à jaser aussi confusément
Que faisaient les Troyens quand la pauvre Cassandre
Ouvrait la bouche seulement.
Il en prit aux uns comme aux autres :
Maint oisillon se vit esclave retenu.

Nous n'écoutons d'instincts que ceux qui sont les nôtres,
Et ne croyons le mal que quand il est venu.

Les deux Mulets

Deux mulets cheminaient, l'un d'avoine chargé,
L'autre portant l'argent de la gabelle.
Celui-ci, glorieux d'une charge si belle,
N'eût voulu pour beaucoup en être soulagé.
Il marchait d'un pas relevé,
Et faisait sonner sa sonnette :
Quand, l'ennemi se présentant,
Comme il en voulait à l'argent,
Sur le mulet du fisc une troupe se jette,
Le saisit au frein et l'arrête.
Le mulet, en se défendant,
Se sent percer de coups ; il gémit, il soupire.
« Est-ce donc là, dit-il, ce qu'on m'avait promis ?
Ce mulet qui me suit du danger se retire ;
Et moi j'y tombe, et je péris !
- Ami, lui dit son camarade,
Il n'est pas toujours bon d'avoir un haut emploi :
Si tu n'avais servi qu'un meunier, comme moi,
Tu ne serais pas si malade. »

Le Renard et les Raisins

Certain renard gascon, d'autres disent normand,
Mourant presque de faim, vit au haut d'une treille
    Des raisins mûrs apparemment,
    Et couverts d'une peau vermeille.
Le galand en eût fait volontiers un repas ;
    Mais comme il n'y pouvait atteindre :
  « Ils sont trop verts, dit-il, et bons pour des goujats. »

    Fit-il pas mieux que de se plaindre ?

Index alphabétique des Fables